Grundbegriffe des Nähens

Vorlagen/Schnittmuster übertragen

Butterbrotpapier auflegen und die Linien mit einem Bleistift nachzeichnen. Auch Mittellinien, Ansatzlinien, Fadenlauf und Nummer des Schnittteiles übertragen. Nun auf normales Papier kleben und am äußeren Rand ausschneiden = Schnittmuster/Vorlage.

Werden von einem Schnittmuster zwei gegengleiche Teile benötigt, den Stoff so Kante auf Kante zusammenfalten, dass die äußere Seite (= rechts) innen liegt und die innere Seite (= links) außen. Das Schnittmuster auf die linke Stoffseite legen, im Fadenlauf, d.h. in Richtung der Längsfäden des Gewebes (parallel zur Webkante = fest gewebter Rand).

Nahtzugabe

Schnittmuster enthalten in der Regel keine Nahtzugabe, d.h., sie muss ringsum als Rand von 0,75–1 cm hinzugefügt werden. Dazu das Schnittmuster auf den Stoff legen, mit Schneiderkreide umfahren (= Nählinie) und 0,75–1 cm davon entfernt einen zweiten Rand aufzeichnen (= Schneidelinie).

Nähen

Vor dem Nähen die Stoffteile mit Stecknadeln aufeinander fixieren. Die Nadeln quer zur Nährichtung in den Stoff stecken und mit der Nähmaschine vorsichtig darübernähen. Am Anfang und am Ende die Naht befestigen. Dafür zu Beginn der Naht einige Stiche nähen, dann rückwärts bis zum Anfang zurücknähen. Nun die ganze Naht vorwärtsnähen und am Ende wieder einige Stiche zurücknähen.

Überwendlichstich (Abb. 1)

Die Nadel nah an der Kante von unten nach oben schräg durch die Stofflagen stechen. Einige Millimeter weiter wieder von unten nach oben stechen und so weiter. Der Faden legt sich dabei um die Kante und ist von außen sichtbar. Faden in der Naht vernähen.

Blindstich (Abb. 2)

Mit der Nadel einige Fäden des einen Einschlags greifen und von dort aus in den gegenüberliegenden Einschlag stechen. Die Nadel 5–6 mm durch den Stoff führen, ausstechen und zur gegenüberliegenden Seite stechen. Faden in der Naht vernähen.

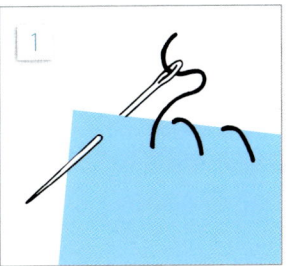

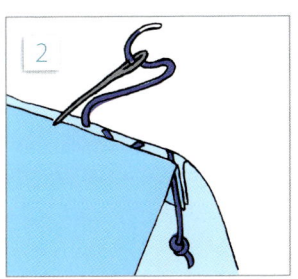

Grundkurs Hausschuhe

Pantoffeln

Schnittmuster: Sohle 1, Oberteil 2, Sohle 7 (jeweils in der gewünschten Größe)
Sohle 7 für die Innensohle 2-mal auf Schaumstoff übertragen und ausschneiden.
Volumenvlies auf die linke Stoffseite bügeln. Stoff rechts auf rechts doppelt legen, Schnittmuster auflegen (je 2-mal) mit Kreide umfahren und mit 1 cm Nahtzugabe ausschneiden. Jedes Stoffschnittteil liegt nun 4-mal vor.

Das Foto zeigt alle nötigen Schnittteile für einen Pantoffel: zwei Oberteile, zwei Sohlen, eine Schaumstoffsohle.

Jeweils ein inneres und ein äußeres Oberteil rechts auf rechts aufeinanderlegen und die vordere Kante (Ausschnittrundung) zusammennähen.

Das Oberteil links auf links wenden, die vordere Kante (Ausschnittrundung) 0,5 cm breit absteppen. Die Außenkante mit Zickzackstich aufeinandernähen. Das Oberteil auf eine Sohle stecken und aufnähen.

Die untere Sohle rechts auf rechts auf Oberteil und Sohle stecken und aufnähen. Das Oberteil muss vollständig zwischen den Sohlen liegen, damit es nur am Rand mitgesteppt wird. Eine Wendeöffnung (7 cm) lassen.

Den Pantoffel durch die Öffnung wenden. Die Schaumstoffsohle einschieben und die hintere Hälfte der Sohlen 0,5 cm breit absteppen, dabei einige Zentimeter bis ins Oberteil steppen.

Ballerinas

Schnittmuster: Sohle 1, Oberteil 3, Sohle 7 (jeweils in der
gewünschten Größe)
Sohle 7 für die Innensohle
2-mal auf Schaumstoff übertragen und ausschneiden.
Volumenvlies auf die linke
Stoffseite bügeln. Stoff rechts
auf rechts doppelt legen,
Schnittmuster auflegen (je
2-mal) mit Kreide umfahren
und mit 1 cm Nahtzugabe
ausschneiden. Jedes Stoffschnittteil liegt nun 4-mal vor.

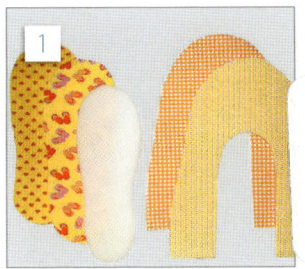

Das Foto zeigt alle nötigen
Schnittteile für einen Ballerina: zwei Oberteile, zwei Sohlen, eine Schaumstoffsohle.

Jeweils zwei Oberteile rechts
auf rechts aufeinanderlegen
und die innere Kante (Ausschnittrundung) zusammen-
nähen.

Das Oberteil aufklappen. Die
kurzen, hinteren Kanten
rechts auf rechts legen und
zusammennähen.

Das ganze Teil links auf links
klappen und am inneren
Rand (Ausschnittrundung)
0,5 cm breit absteppen.

Das Oberteil auf die innere
Sohle stecken und mit Zickzackstich Rand auf Rand
nähen.

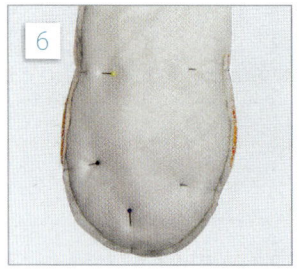

Die untere Sohle rechts auf rechts auf das Oberteil legen und feststecken. Das Oberteil muss vollständig zwischen den Sohlen liegen, damit es nur am Rand mitgesteppt wird. Rundum festnähen, eine Wendeöffnung (10 cm) lassen.

Den Ballerina durch die Öffnung wenden.

Die Schaumstoffsohle einschieben und die Öffnung von Hand mit Blindstich schließen.

Flipflops

Schnittmuster: Sohle 4, Riemen 6 und 7, Sohle 7 (jeweils in der gewünschten Größe)
Sohle 7 für die Innensohle 2-mal auf Schaumstoff übertragen und ausschneiden.
Volumenvlies auf die linke Stoffseite bügeln. Stoff rechts auf rechts doppelt legen, Schnittmuster auflegen (je 2-mal) mit Kreide umfahren und mit 1 cm Nahtzugabe ausschneiden. Jedes Stoffschnitteil liegt nun 4-mal vor.

Das Foto zeigt alle nötigen Schnittteile für einen Flipflop: Bänder für Riemen (hier: ein Zehentrennerband und einen breiten Riemen), zwei Sohlen, eine Schaumstoffsohle.

Jedes Band längs zur Hälfte rechts auf rechts falten und zusammennähen. Eine Öffnung zum Wenden lassen, wenden.

Die Öffnungen jeweils zustecken. Die Bänder beidseitig schmal absteppen.

Das Zehentrennerband zuerst an einem Rand annähen. Die Länge des Bandes am Fuß ausmessen, entsprechend an der Sohle feststecken. (Auf rechten und linken Schuh achten!) In der Mitte und zuletzt am zweiten Rand annähen.

Die offenen Bänder am Fuß abmessen und jeweils rechts und links am Rand, wie im Schnittmuster eingezeichnet, annähen. Am Rand überstehende Bänderenden abschneiden.

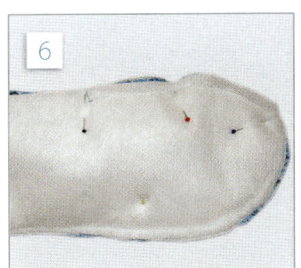

Die untere Sohle rechts auf rechts auf die Sohle mit den angenähten Bändern legen, feststecken und rundum zusammennähen. Am hinteren Rand eine Öffnung zum Wenden (7 cm) lassen.

Den Flipflop durch die Öffnung wenden. Die Schaumstoffsohle einschieben und die Öffnung zustecken.

Den Flipflop rundum 0,5 cm breit absteppen. Dazu vor den Bändern neu ansetzen und unter den Bändern enden.

Tausendundeine Nacht

Material:
- Pannesamt in Rot, 50 x 90 cm
- Baumwollsatin in Dunkelrot, 50 x 90 cm
- Volumenvlies zum Aufbügeln, 100 x 90 cm
- Schaumstoff, 1 cm dick, 30 x 30 cm
- Verschiedene Glasperlen in Rottönen, Ø 7–15 mm
- Nähgarn in Rot
- Sock-Stopp in Bordeaux

Vom Vorlagenbogen:

Schnittmuster: Sohle 1, Oberteil 3, Sohle 7 (jeweils in der gewünschten Größe), Riemen 5
Vorlage: Sohle A (Wellenlinien)

Die Ballerinas nach dem Grundkurs auf Seite 3/4 nähen. Dazu Sohlen und Oberteile je zweimal aus beiden Stoffen (Pannesamt und Baumwollsatin) zuschneiden.

Für den Riemen aus dem Satin zwei Streifen von 6 x 15 cm (Schnittmuster: Riemen 5) zuschneiden. Den Streifen der Länge nach falten, zusammennähen, Öffnung zum Wenden lassen, wenden. Die Nahtzugaben der Öffnung nach innen falten, dann zustecken. Den Streifen rundum knappkantig absteppen. Den fertigen Riemen quer über die Schuhöffnung legen, feststecken und auf der Naht festnähen. Die Glasperlen mit doppeltem Faden auf das Vorderteil nähen. Dazu ein- und ausstechen, Perle auffädeln, gleich daneben wieder ein- und ausstechen usw.

Auf die Sohlen mit Sock-Stopp frei Hand gemäß Vorlage Wellenlinien zeichnen.

Süße Früchtchen

Material:

- Kunstleder in Hellgrün, 4 x 20 cm
- Baumwollstoff in Grün mit Erdbeerdruck, 30 x 70 cm
- Volumenvlies zum Aufbügeln, 30 x 70 cm
- Schaumstoff, 1 cm dick, 30 x 30 cm
- Filz in Rot, 4 mm dick, 6 x 10 cm
- Filz in Grün, 1 mm dick, 6 x 6 cm
- Mini-Pompons, Ø 15 mm, 90 in Grüntönen, 20 in Rot
- Glitterstift in Grün
- Nähgarn in Grün
- Sock-Stopp in Grün

Vom Vorlagenbogen:

Schnittmuster: Sohle 4, Riemen 6 und 7 (Zehentrenner-Riemen und breiter Riemen), Sohle 7 (jeweils in der gewünschten Größe)
Vorlage: Erdbeere a und Blatt b, Sohle B (mit geschwungenen Pünktchenreihen)

Die Flipflops nach dem Grundkurs auf Seite 4/5 nähen, dabei den breiten Riemen aus Kunstleder arbeiten.

Rund um den Rand Pompons aufnähen. Dazu einmal durch den Rand stechen, dann einen Pompon auffädeln, wieder durch den Rand stechen, weiteren Pompon auffädeln, so fortfahren.

Die Erdbeere aus rotem Filz, das Blatt aus grünem Filz ausschneiden und beides auf den Zehentrenner nähen.

Mit grünem Glitterstift Punkte auf die Beere tupfen und trocknen lassen.

Auf den Sohlen mit Sock-Stopp frei Hand gemäß Vorlage geschwungene Pünktchenreihen anbringen.

Meeresbrise

Flipflops mit Knopf-Riemen • Größe: 36/37, 38/39, 40/41

Material:
- Baumwollstoff in Türkis mit Schuppen-muster, 30 x 70 cm
- Volumenvlies zum Aufbügeln, 30 x 70 cm
- Schaumstoff, 1 cm dick, 30 x 30 cm
- 8 Knöpfe in Türkis-Grün in 4 verschiede-nen Designs, Ø 3,5 cm
- Nähgarn in Türkis
- Sock-Stopp in Blau

Vom Vorlagenbogen:

Schnittmuster: Sohle 4, Riemen 6 und 7 (Ze-hentrenner-Riemen und breiter Riemen), Sohle 7 (jeweils in der gewünschten Größe)

Die Flipflops mit Zehentrenner-Riemen und breitem Riemen nach dem Grundkurs auf Seite 4/5 nähen.
Die Knöpfe auf den breiten Riemen aufnähen. Dazu an der Stelle, wo der Knopf sitzen soll, ein- und wieder ausstechen. Dann den Knopf über die Nadel bis auf den Stoff schieben. Durch das zweite Loch zurück in den Stoff ste-chen, wieder ausstechen, durch das erste Loch nach oben usw. Vier- bis fünfmal wiederholen. Mit Sock-Stopp die Konturen der Schuppen auf den Sohlen nachzeichnen.

Himmlisch flauschig

Pantoffeln · Größe: 36/37, 38/39, 40/41

Material:
- Baumwollstoff in Blau mit Wolkendruck, 40 x 90 cm
- Volumenvlies zum Aufbügeln, 40 x 90 cm
- Schaumstoff, 1 cm dick, 30 x 30 cm
- Marabu-Boa in Weiß, 2 m lang
- Nähgarn in Weiß
- Sock-Stopp in Hellblau

Vom Vorlagenbogen:

Schnittmuster: Sohle 1, Oberteil 2, Sohle 7 (jeweils in der gewünschten Größe)
Vorlage: Sohle C (mit Wölkchen)

Die Pantoffeln nach dem Grundkurs auf Seite 2 nähen.

Die Marabu-Boa halbieren. Eine Hälfte auf einen Pantoffel mit doppeltem Faden und Überwendlichstichen aufnähen. Dazu am Rand des Oberteils beginnen, dann über den hinteren Rand der Sohle nach vorne um das Oberteil herumführen.

Auf die Sohlen mit Sock-Stopp frei Hand gemäß Vorlage Wölkchen aufmalen.

Harlekin

Material:

- Baumwollstoff in Schwarz-Weiß kariert, 50 x 90 cm
- Baumwollsatin in Schwarz, 50 x 90 cm
- Volumenvlies zum Aufbügeln, 100 x 90 cm
- Schaumstoff, 1 cm dick, 30 x 30 cm
- 28 Knöpfe mit verschiedenen Mustern in Schwarz-Weiß, Ø 10–16 mm
- Gummiband in Schwarz, 2,5 cm breit, 60 cm lang
- Nähgarn in Schwarz
- Sock-Stopp in Schwarz und Creme

Vom Vorlagenbogen:

Schnittmuster: Sohle 1, Oberteil 3, Sohle 7 (jeweils in der gewünschten Größe)

Vorlage: Sohle D (mit Kreisen)

Die Ballerinas nach dem Grundkurs auf Seite 3/4 nähen. Dabei Sohlen und Oberteile je zweimal aus beiden Stoffen zuschneiden.

Das Gummiband in zwei Stücke à 30 cm teilen und jeweils mit Zickzackstich zum Ring zusammennähen. Den Ring mit der Naht nach unten über den Schuh ziehen und an den Seitennähten festnähen.

Die Knöpfe auf den Vorderteilen annähen (siehe Seite 10), auf jedes Kästchen einen Knopf.

Auf den Sohlen mit Sock-Stopp frei Hand gemäß Vorlage schwarze und cremefarbene Kreise in die Kästchen malen, anschließend gut trocknen lassen.

Für heiße Tage

Material:

- Baumwollstoff mit Eistütendruck
- Baumwollstoff in Rosa-Weiß kariert, 30 x 70 cm
- Volumenvlies zum Aufbügeln, 30 x 70 cm
- Schaumstoff, 1 cm dick, 30 x 30 cm
- Wollfilzschnur in Pink, Ø 5 mm, 120 cm lang
- Glitterstift in Gelb, Pink, Grün und Blau
- Nähgarn in Pink
- Sock-Stopp in Pink

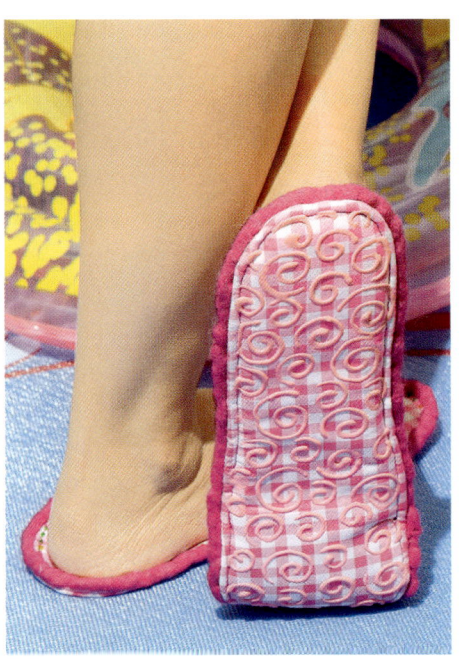

Vom Vorlagenbogen:

Schnittmuster: Sohle 4, Riemen 6 (Zehentrenner-Riemen), Sohle 7 (jeweils in der gewünschten Größe)

Vorlage: Sohle E (mit Spiralen)

Die Flipflops nach dem Grundkurs auf Seite 4/5 nähen.

Die Eistüte je Flipflop zweimal aus mit Vlies verstärktem Stoff ausschneiden, rechts auf rechts zusammennähen. Eine Öffnung zum Wenden lassen, wenden. Die Wendeöffnung von Hand zunähen. Fertige Teile auf den Zehentrennern festnähen. Zur Verzierung auf Riemen, Eis und Sohlenrand mit Glitterstift Punkte auftupfen, trocknen lassen.

Die Wollfilzschnur halbieren und die Hälften mit Überwendlichstichen rund um die Sohlen nähen. Dabei jeweils neben dem Riemen beginnen und enden.

Auf die Sohlen mit Sock-Stopp frei Hand gemäß Vorlage Spiralen aufmalen.

Sommertraum

Material:
- Baumwollstoffe in Gelb/Orange mit
  4 verschiedenen Mustern, 2-mal
  30 x 90 cm und 2-mal 30 x 30 cm
- Volumenvlies zum Aufbügeln, 90 x 90 cm
- Schaumstoff, 1 cm dick, 30 x 30 cm
- Knöpfe in Orange, Pink und Gelb,
  je 2 in Ø 6 cm, Ø 3,5 cm und Ø 2,5cm
- Blütenband in Orange-Gelb, 9 mm breit,
  1,5 m lang
- Nähgarn in Gelb
- Sock-Stopp in Bordeaux

Vom Vorlagenbogen:

Schnittmuster: Sohle 1, Oberteil 3, Sohle 7 (jeweils in der gewünschten Größe)

Die Ballerinas nach dem Grundkurs auf Seite 3/4 nähen. Dazu jeweils zwei Oberteile aus den größeren Stoffstücken und jeweils zwei Sohlen aus den kleineren Stoffstücken zuschneiden.

Die Knöpfe aufeinanderlegen und auf der Oberseite mittig festnähen (siehe Seite 10).

75 cm Band um den Ballerina legen, Enden nach oben, auf den Seitennähten festnähen, zur Schleife binden.

Auf die Sohlen mit Sock-Stopp frei Hand Pünktchen tupfen.

Auf dem neuesten Stand

Flipflops · Größe: 36/37, 38/39, 40/41

Material:
- Baumwollstoff in Schwarz-Weiß mit Zeitungsdruck, 30 x 70 cm
- Volumenvlies zum Aufbügeln, 30 x 70 cm
- Schaumstoff, 1 cm dick, 30 x 30 cm
- Chenilledraht, Ø 9 mm, 50 cm, je 4 Stück in Schwarz und Weiß
- 2 eckige Knöpfe in Schwarz, Ø 4 cm
- Nähgarn in Schwarz
- Sock-Stopp in Schwarz

Vom Vorlagenbogen:

Schnittmuster: Sohle 4, Riemen 6 (Zehentrenner-Riemen), Sohle 7 (jeweils in der gewünschten Größe)
Vorlage: Sohle F (mit Buchstaben)

Die Flipflops nach dem Grundkurs auf Seite 4/5 nähen.

Jeweils einen weißen mit einem schwarzen Chenilledraht verdrehen und mit Überwendlichstichen rund um die Sohle nähen. Dabei jeweils neben dem Riemen beginnen und enden. Die Enden der Drähte gut festnähen, damit sie beim Tragen nicht stechen.

Die Knöpfe auf den Zehentrennern festnähen (siehe Seite 10).

Auf die Sohlen mit Sock-Stopp frei Hand gemäß Vorlage Buchstaben aufmalen.

Herz an Herz

Material:
- Baumwollstoff in Rosa mit Herzchen, 20 x 80 cm
- gestreifter Baumwollstoff mit Herzchen, 30 x 60 cm
- Volumenvlies zum Aufbügeln, 50 x 90 cm
- Schaumstoff, 1 cm dick, 30 x 30 cm
- Filz in Rot und Pink, je 8 x 8 cm
- 22 Herzknöpfe in Orange, Pink und Rot (je 2 gleiche Knöpfe), Ø 8–20 mm
- Nähgarn in Pink
- Sock-Stopp in Bordeaux

Vom Vorlagenbogen:

Schnittmuster: Sohle 1, Oberteil 2, Sohle 7 (jeweils in der gewünschten Größe)
Vorlagen: Herz c und Sohle G (mit Herzchen)

Die Pantoffeln nach dem Grundkurs auf Seite 2 nähen. Dabei für die Oberteile den rosafarbenen Stoff, für die Sohlen den gestreiften Stoff verwenden.

Aus dem Filz nach der Vorlage zwei Herzen ausschneiden und mit Überwendlichstichen jeweils eines auf die Mitte eines Oberteils nähen, in der Herzmitte einen Knopf befestigen (siehe Seite 10).

An den Ausschnitträndern der Oberteile ebenfalls Herzknöpfe aufnähen, dabei darauf achten, diese auf den beiden Pantoffeln in gegengleicher Reihenfolge anzubringen.

Auf die Sohlen mit Sock-Stopp frei Hand gemäß Vorlage Herzen aufmalen, gut trocknen lassen.

Steinstarker Auftritt

Pantoffeln · Größe: 36/37, 38/39, 40/41

Material:
- Baumwollstoff mit Steindruck, 40 x 90 cm
- Volumenvlies zum Aufbügeln, 40 x 90 cm
- Schaumstoff, 1 cm dick, 30 x 30 cm
- Juteschnur in Natur, Ø 2 mm, 6 m lang
- Holzknöpfe, Ø 2,5 cm, 10-mal rund, 4-mal quadratisch
- Nähgarn in Grau
- Alleskleber
- Wäscheklammern
- Sock-Stopp in Schwarz

Vom Vorlagenbogen:
Schnittmuster: Sohle 1, Oberteil 2, Sohle 7 (jeweils in der gewünschten Größe)

Die Pantoffeln nach dem Grundkurs auf Seite 2 nähen.

Von der Juteschnur zwei Stücke à 30 cm und zwei Stücke à 25 cm abschneiden und auf die Enden jeweils einen Knopf knoten. In zwei runde Knöpfe jeweils eine 10 cm lange Schnur knoten.

Auf die Mitte jedes Pantoffeloberteils eine lange und eine kurze Knopfschnur nähen. Obendrauf einen runden Knopf mit Schnurknoten mit einigen Stichen befestigen. Aus drei 150 cm langen Schnüren eine Kordel drehen. Auf die Enden je eine Wäscheklammer stecken, in die Mitte zwei Wäscheklammern nebeneinander. Direkt neben den Klammern die Kordel mit Klebstoff einstreichen. Nach dem Trocknen die Klammern abnehmen, die Kordel in der Mitte auseinanderschneiden und um den jeweils hinteren Teil der Sohlen mit Überwendlichstichen zusätzlich fixieren. Anfang und Ende liegen auf dem Oberteil, darauf je einen Knopf nähen.

Auf den Sohlen mit Sock-Stopp frei Hand die Konturen der aufgedruckten Steine nachmalen, gut trocknen lassen.

Blütenspiele

Material:
- Baumwollstoff mit Punkten in Gelb und Orange, je 30 x 50 cm
- Volumenvlies zum Aufbügeln, 50 x 60 cm
- Schaumstoff, 1 cm dick, 30 x 30 cm
- Filzband „Blüten", 25 mm breit, 160 cm in Gelb, 40 cm in Orange
- Nähgarn in Gelb
- Sock-Stopp in Creme

Vom Vorlagenbogen:

Schnittmuster: Sohle 4, Riemen 7 (breiter Riemen), Sohle 7 (jeweils in der gewünschten Größe)
Vorlage: Sohle H (mit Blüten)

Die Flipflops nach dem Grundkurs auf Seite 4/5 nähen. Dazu je zwei Sohlen und zwei breite Riemen in Orange und Gelb zuschneiden. Auf die Riemen vor dem Zusammennähen mit einer Mittelnaht Blütenbänder aufnähen.
Das gelbe Blütenband rund um den Rand der Sohle feststecken und mit einer Mittelnaht annähen. Dabei mit der Nähmaschine vor einem Riemen absetzen und danach wieder ansetzen. Auf die Sohlen mit Sock-Stopp frei Hand gemäß Vorlage Blüten aufmalen.

Frühlingswiese

Material:
- Kunstleder in Hellgrün, 30 x 60 cm
- Baumwollstoff in Grün mit Grasdruck, 30 x 90 cm
- Grasstoff in Grün, hochflorig, 20 x 40 cm
- Volumenvlies zum Aufbügeln, 30 x 90 cm
- Schaumstoff, 1 cm dick, 30 x 30 cm
- Lederblüten und -blätter in Rosa und Türkis (mit Löchern zum Aufnähen)
- Chenilledraht in Grün, 2-mal 30 cm
- Nähgarn in Grün
- Textilkleber

Vom Vorlagenbogen:

Schnittmuster: Sohle 1, Oberteil 2, Sohle 7 (jeweils in der gewünschten Größe)

Die Pantoffeln nach dem Grundkurs auf Seite 2 nähen, dabei auf die Rückseite des fransigen Grasstoffes kein Volumenvlies bügeln!
Sechs Chenilledrahtstücke à 9 cm zu schneiden. Die Löcher der Lederblüten vorsichtig mit spitzer Schere erweitern. Von unten durch ein Loch den Chenilledraht ca. 3 cm weit durchstecken und durch das zweite Loch wieder zurückführen, die Drahtenden verzwirbeln. Das lange Drahtende durch das Gewebe des Grasstoffes stechen, in 1 cm Abstand wieder nach oben ausstechen, 3 cm durchziehen, Ende mit Stiel verdrehen. Lederblätter mit Textilkleber ins „Gras" und an den Rand kleben.

Märchenzauber

Material:
- Baumwollsatin in Rosa und Flieder, je 50 x 90 cm
- Feintüll in Pink, 24 x 60 cm
- Volumenvlies zum Aufbügeln, 100 x 90 cm
- Schaumstoff, 1 cm dick, 30 x 30 cm
- Satinband in Flieder, 2,5 cm breit, 1,8 m lang
- 2 Knöpfe in Gold mit Schmuckstein, Ø 4 cm
- Nähgarn in Rosa
- Sock-Stopp in Rosa

Vom Vorlagenbogen:

Schnittmuster: Sohle , Oberteil 3, Sohle 7 (jeweils in der gewünschten Größe)
Vorlage: Sohle I (mit Halbmonden)

Die Ballerinas nach dem Grundkurs auf Seite 3/4 nähen. Dabei Sohlen und Oberteile je zweimal aus beiden Stoffen zuschneiden.

Das Satinband in zwei Stücke à 90 cm teilen. Die mittleren 8 cm eines Bandes jeweils um die hintere Kante des Schuhs legen und festnähen. Für die Rosetten den Feintüll in vier Streifen von je 6 x 60 cm schneiden. Die Streifen der Länge nach falten und an der Faltkante mit der Nähnadel einen 30 cm langen Doppelfaden im Heftstich (1 cm Länge) durchziehen. Den Stoff auf dem Faden zusammenschieben, Faden verknoten, Überlänge abschneiden. Die gekräuselten Tüllstreifen zu Rosetten legen und jeweils eine auf die Vorderteile und außen an die Fersenkanten nähen.

Auf den vorderen Rosetten die Schmuckknöpfe festnähen.

Auf die Sohlen mit Sock-Stopp frei Hand gemäß Vorlage Halbmonde aufmalen.

Impressum

Entwürfe und Realisation:
Sybille Rogaczewski-Nogai
Redaktion: Angelika Klein
Lektorat: Regina Sidabras
Technische Zeichnungen: Susanne Nöllgen
Schnitte und Vorlagen: Carsten Bachmann
Fotografie und Styling: Rainer Muranyi
Steppfotos: Sybille Rogaczewski-Nogai
Umschlaggestaltung: GrafikwerkFreiburg
Satz: Arnold & Domnick
Reproduktion: Meyle + Müller GmbH & Co. KG
Druck und Verarbeitung: Bilnet Printing, Istanbul

ISBN 978-3-8410-6139-3
Art.-Nr. OZ6139
© 2012 Christophorus Verlag GmbH & Co. KG,
Freiburg
Alle Rechte vorbehalten.

Autorin und Verlag haben die größtmögliche
Sorgfalt walten lassen, um sicherzustellen, dass
alle Angaben und Anleitungen korrekt sind, können jedoch im Falle unrichtiger Angaben keiner-
lei Haftung für eventuelle Folgen, direkte oder
indirekte, übernehmen. Die gezeigten Materialien sind zeitlich unverbindlich. Der Verlag übernimmt für Verfügbarkeit und Lieferbarkeit keine
Gewähr und keine Haftung.

Farbe und Helligkeit der in diesem Buch gezeigten Garne, Materialien und Modelle können von
den jeweiligen Originalen abweichen. Die bildli-
che Darstellung ist unverbindlich. Der Verlag
übernimmt keine Gewähr und keine Haftung.

Herstellerverzeichnis

Buttinette Textil-Versandhaus GmbH, Wertingen,
www.buttinette.de
Dill Buttons, Bärnau, www.dill-buttons.com
Kurt Frowein GmbH & Co. KG, Wuppertal,
www.kurt-frowein.de
Hobbygross Erler GmbH (Efco), Rohrbach,
www.efco.de
C. Kreul GmbH & Co. KG, Hallerndorf,
www.c-kreul.de
Lombardi & Grünbauer GmbH, Böblingen,
www.lg-knoepfe.de
Stoffe Brünink & Hemmers GmbH, Nordhorn,
www.stoffe-hemmers.de
Rayher Hobby GmbH, Laupheim,
www.rayher-hobby.de

☎ Kreativ-Service

Sie haben Fragen zu den Büchern und Materialien? Frau Erika Noll ist für Sie da
und berät Sie rund um alle Kreativthemen. Rufen Sie an! Wir interessieren uns
auch für Ihre eigenen Ideen und Anregungen. Sie erreichen Frau Noll per E-Mail:
mail@kreativ-service.info oder Tel.: +49 (0) 5052/91 18 58 Montag–Donnerstag:
9–17 Uhr / Freitag: 9–13 Uhr

Besuchen Sie uns im Internet: www.christophorus-verlag.de